AF192719

EL CONFINAMIENTO

Costas Reúsis

EL CONFINAMIENTO
[300 aforismos]

Traducción y notas de Mario Domínguez Parra

Ediciones de la Isla de Siltolá

Sevilla 2025

Colección *AFORISMOS*

© **Costas Reúsis**

© de la traducción y notas: Mario Domínguez Parra

© de las fotografías del autor: Jaris Panayotu

© 2025: **Ediciones de La Isla de Siltolá**

Apartado de Correos 22.015

41018 – Sevilla (España)

www.laisladesiltola.es • editorial@laisladesiltola.es

Diseño de colección: La Isla de Siltolá

Impresión: Kadmos

Diseño de la cubierta: Salvartes

ISBN: 978-84-19298-45-4 • DL: SE 11-2025

IBIC: DCF • THEMA: DCF

(Impreso en España)

Y si no hay nada que es igual al pensamiento y no hay nada sin el pensamiento, o el pensamiento es sólo pensamiento o el pensamiento es todo.

Antonio Porchia (1886-1968)

A Javier Sánchez Menéndez

INSCRITO

Y hembra es el alma de la ausente.
Y hembra es el alma mía.

César Vallejo (1892-1938)

LA lengua griega es la lengua madre.[1]

∽

LA irrealidad es la naturaleza del perpetuo juego de naipes de toda realidad.

∽

SI el rosal no es salvaje, pertenece al jardín de una puta.

∽

NI un verso queda pendiente de cobro.

[1]   Escrito en español por el autor. (Nota del Traductor)

LA letra pirueta *ama el ocultarse*.[2]

❧

TENGO que ofender a los acreditados con la presencia.

❧

LAS antiguas mansiones de Nicosia son como burdeles timadores.

❧

CUANDO las golondrinas se reflejan en los murciélagos, las palomas buscan abrigo.

2   Fragmento 10 de Heráclito: «La naturaleza ama el ocultarse», incluido en el libro de José Gaos (traductor del mismo) *Antología filosófica. La filosofía griega*. México: La Casa de España en México, 1941. (N. del T.)

LA isla es una prisión y el mundo un mar de estrellas.

෴

QUE las verborreas de la poesía griega ahuequen el ala.

෴

EN la estrofa del verso sitúo la letra y detono el poema.

෴

ME dais asco *y allí hubo un lugar*.[3]

---

3   «Ἀδῶ μιὰ φορὰ ἦταν ἄνθρωπος, κ' ἐκεῖ ἦταν ἕνας τόπος» (Διονύσιος Σολωμός). «Aquí una vez hubo una persona y allí hubo un lugar» (Dionisios Solomós).

LOS haraganes filológicos periféricos son incapaces de detectar a un poeta nuclear, universal.

∾

TIENES que planear para comulgar con la geometría de este lugar.

∾

EL verbo secretear[4] colorea al mismo tiempo.

∾

EN el trazado del muro los materiales se ponen en marcha.

---

4   Neologismo del autor, «μυστικεύω». (N. del T.)

LA procedencia del mundo infantil: un quiosco.

☙

LA letra que la cigarra irradia no se escucha en la palabra.

☙

POETAS que filologan o filólogos que poetizan; ambos saqueadores o bandoleros.

☙

LA poesía no *es desarrollo de bicicleta estática*[5] ni erótica canción de amor.

---

5 Ἡ ποίησις εἶναι ἀνάπτυξι στίλβοντος ποδηλάτου. (Ανδρέας Εμπειρίκος). «La poesía es el desarrollo de una bicicleta estática (Andreas Embirikos)».

ESCRIBANO, o poeta, y recitador, sin o carente de báculo y flagelo, no se concibe.

∾

NO investiguéis, ni leáis, ni reconozcáis el papel; interrogadlo, recitándolo.

∾

EL bronce del agua fosforada –tóxica o ácida– bautizó el laurel.

∾

LA poesía emana del Padre, del Hijo y el Espíritu Santo; la literatura no.

EL heleno, por naturaleza y de nacimiento, especializado laboralmente en: poesía.

ↄ

LO que vaya a ocurrir ocurrirá y cumplo todo lo que puedo.

ↄ

MUERTE aparente: que los huesos te hablen en el instante que trazas; intuye.

ↄ

MILAGROSOS filos echan el ancla en los arrabales de una provincia del sur.

LAS emanaciones del cuerpo concentran el espíritu del escribano.

えの

LA justificación recorre la huella genética de la criatura.

えの

ME presento de nuevo, ya que las credenciales tienen preferencia: presentrayectos[6] y hermano en la creación.

えの

EL esencial, hasta lo abismal, interés del magma ostenta penurias.

6   Neologismo del autor «συστασιοδρόμος». (N. del T.)

LA sangre oxida el relámpago.

∽

ME he quedado arremolinado en el terruño.

∽

EL pescuezo de la salamandra portea al hombre del espacio.

∽

LA gacela sabe qué fluye cuando es laureada.

MONTACARGAS *indiferente*[7] carga a persona portadora de maza.

༄

LO Ente, o ser, autoinvitado autónomo.

༄

LA invención de un problema bioquímico estigmatiza verdaderamente el flujo de coleópteros conversadores.

༄

ES el espíritu un crucero que resquebraja un féretro.

7 Ἀδιάφορο, ἡ φωνή μου ἤτανε προωρισμένη μόνο γιά τους αἰῶνες. (Νίκος Εγγονόπουλος). «Indiferente, mi voz estaba solo destinada a ser imperecedera» (Nikos Engonópulos).

LA crudeza que es el Estado no fomenta lo Crudo que preexistió, que es la Poesía.

࿇

INTUYO un alma en lo profundo de la unánime nación profunda.

࿇

LA poesía que soy no compadece el diálogo entre palabras y garabatos, entre las artes o entre otros escritores y poetas afines y afanosos.

࿇

CUANTO más me conozco menos me sé.

CORAZÓN en la lava y la reliquia de un cráneo, el iceberg.

∞

LA poesía es flujo perfecto –desarrollo vital: una necrológica ritual.

∞

LA estructura del mundo es el alma mía.[8]

8   En español en el original. (N. del T.)

UNE FATIGUE UNIVERSELLE

¿Quién reunió la tarde a la mañana?
Lo ignoro; sólo sé
que en una breve noche de verano
se unieron los crepúsculos, y… "fue".

GUSTAVO ADOLFO BÉCQUER (1836-1870)

HACIA un, la poesía, precipicio te conduce y este es tu cumbre.

∾

EL poeta tiene su red de informaciones.

∾

FILOLOGÍA, la ciencia odiosa; la cinética jurídica.

∾

LA mezcolanza de dos zonas una disputa crascita.

EL apartamento está húmedo; de un poeta la gruta.

෴

CAMINO, singlo y circunvuelo.

෴

ASTRÓNOMO de una secreta cosmografía.

෴

PALABRA que no tiene metro: verbo celoso.

෴

LA ternura del papagayo te mutila.

MIS muertos –mis gentes perturbadas.

∽

HUÉRFANO: el fanal de los términos nuestro y vuestro.

∽

LA pesadumbre y el sollozo.

∽

LO desclavamos y heréticamente vilipendiamos.

∽

LA humillación eleva la mirada.

DESDE un sepulcro marcho.

❧

EN DIÁLOGO con el agua en el mundo alumbré una hija.

❧

SE ME HAN remojado las yemas de los dedos por medir tanto la tierra.

❧

ACOJO la hiedra.

❧

ENGULLENDO el escalofrío con una exasperación.

EL cuerpo a personas, cuando también, hace ayunar y salir de expedición.

࿏

NO otorga misericordia el uniformado al enemigo uniformado.

࿏

LOS cítricos la misma acidez despiden.

࿏

CUANDO te embruteces, te entierras cual carroña.

࿏

EL luto tiene un pensamiento que segar.

SOY el serafín que de vitriolo está hecho.

&

LA pestaña amargamente tornea un grifo.

&

PROSTITUTAS y proxenetas el salado brazalete desvirgan.

ARRASTRO a desestructurados con un propósito
propicio.

๛

EL modo de anular la obra de un poeta es convertirla
en congreso.

๛

INTENSIDAD diferencial.

ASTERISCOS

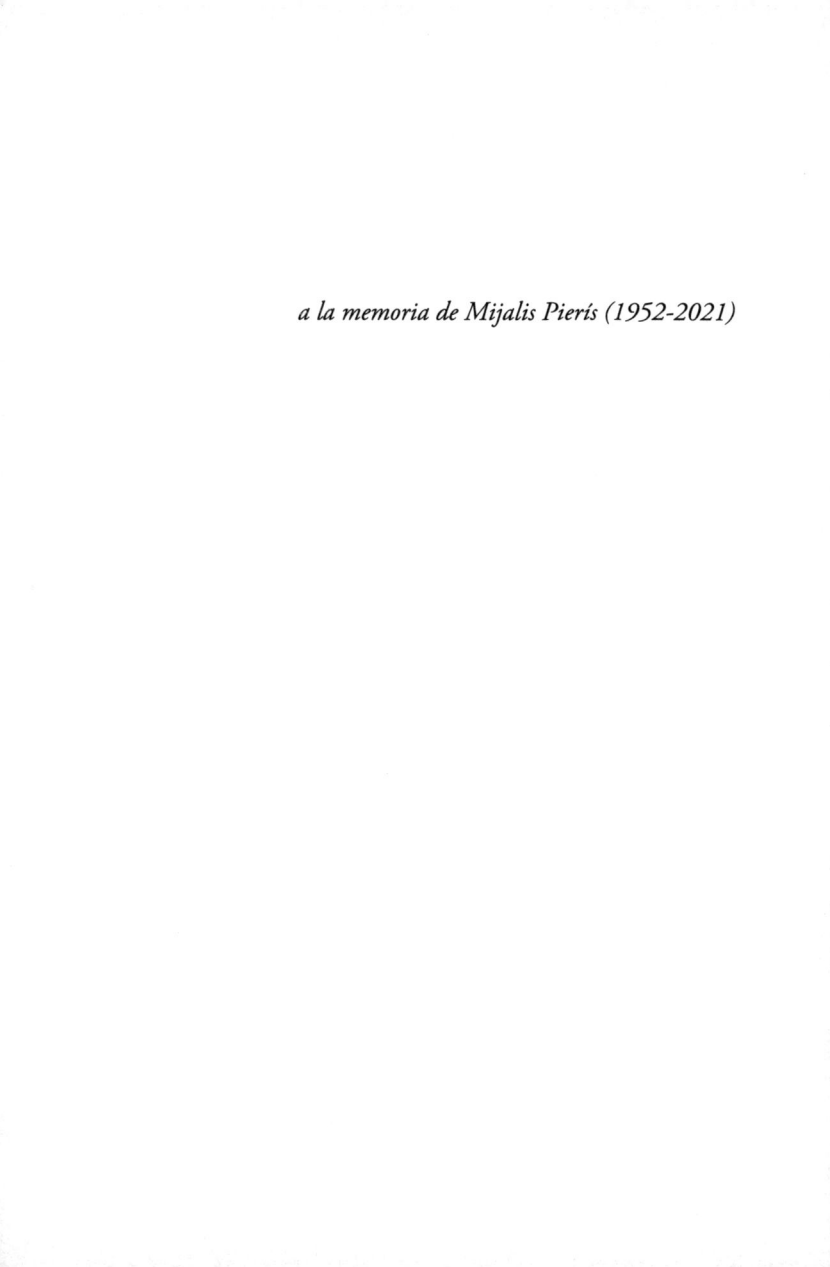

a la memoria de Mijalis Pierís (1952-2021)

PARA TRAZAR poesía bastan las letras (o las cifras aritméticas) del alfabeto griego; sin embargo, este se nos ha entregado a través de los siglos. La deliberación poética no se diferencia en nada del funcionamiento humano diario –se identifica con él. El ritmo se impone a través de la mano del «trazador», cuya elaboración, mientras tanto, tiene que sintonizarse con los «mensajes» que envía el cuerpo del «responsable».

❧

LA POESÍA «se erige» más allá del deseo y de la pena, o también de la aflicción. La emoción, sea la que sea la intensidad con que se experimente, sigue siendo simplemente una emoción; aunque sea poderosa. Lo que activa el poema es la letra pirueta del creador sobre la adaptación entregada o conquistada de la mencionada técnica. La autarquía de un verso, de una estrofa, de un poema, de una composición poética se consolida exclusivamente y solo a partir de la fe del poeta en el «mal sagrado». El lector continúa y no tiene que entretener al «juntaletras de la Eólida» si lo que el primero decide leer lo satisface o no.

EL POETA –una persona sencilla, corriente, aunque no ordinaria– conoce el dominio del «milagro» y cómo este penetra por aquella puerta secreta que eleva el cuerpo verticalmente. La segunda y la tercera hipóstasis del poeta, y de cada persona, presupone la profundización en las entrañas de la existencia. La autenticidad de cada poema, incluso de aquel que se compone de un solo verso, encierra el nacimiento, la muerte y la resurrección del creador.

꙳

LA BASE en la que el poeta registra en la memoria del cuerpo la sacudida primordial de su concepción es el «mar» de su situación embrionaria; la barriga de su madre. La «violencia» de su revelación, es decir, de su nacimiento, resulta ser el poema en bruto que existe. Lo que, inevitablemente, se infiltra en esta «perla» (conciencia, mente crítica, sentimiento, experiencias ajenas, reacciones ignotas, formas y obras de colegas) tiene, por asimilación, que aniquilarse para que emerja su propia voz a través del fenómeno natural de la lengua griega en todas sus apariciones, expresiones y caricias arquetípicamente geográficas.

LA POESÍA tiene lugar con letras que saltan de forma asesina en la fiesta de la humanidad. Los versos fragmentados del ejército de Arquíloco muestran el material del «capitán de brulote». La situación individual del creador marcha a la par con el pensamiento de su época. La inevitable colisión separa el cultivo lírico falsificado de la avanzadilla y del caudillaje poético. La vida lleva en el texto el infinito. El código del poeta explorador-rastreador se juramenta con una disciplina más austera que la castrense. El honor poético del «perpetrador» aplasta, también este, el arte de la poesía.

∾

«EL ARTE y la poesía nos ayudan / a morir», como indicó con exactitud Engonópulos. Nadie se evade de la realidad, mucho menos el poeta. Utilizar el arte para tergiversar lo que es inteligible para todos conduce a una «decoración» sospechosa, si no taimada, de la vida. La poesía, y su dimensión y visión irreal, se reconoce en las esquirlas textuales de los presocráticos. Ni un modo determinado de vida se impone, ni una situación poética concreta. El poeta está a la cabeza de su arte y su arte precede el poema que se registra. Y este poema, raramente por supuesto, es el poeta mismo.

HAY UN CÓDIGO de una ética adánica indeterminada en el psiquismo del poeta. Su autenticidad se revela en la elucidación de la ceniza de su obra. Resulta jovial, incluso insulso, que nos refiramos a la poesía ya sea como sus servidores o como sus terapeutas. Sin embargo, es inútil maldecir lo maldecido, aspirando a personalizar a cada uno (y a ninguno) de los que tallamos versos; la continuada situación del simio y del mono dentro de la cual seguidamente avanza la sociedad de los seres humanos. La fe del poeta es la poesía y quien es fiel a la poesía es el poeta. Ni nos debe ni le debemos el «crimen» de la escritura que ejercemos y perpetramos.

LATIDOS ANASTÁTICOS

Como una montaña sube. Es la senda de los que marchan.
Y asciende hasta el pico claro. Y el sol se abre sobre las frentes.
Y en la cumbre, con su grandeza, están todos ya cantando.
Y es tu voz la que les expresa. Tu voz colectiva y alzada.
Y un cielo de poderío, completamente existente,
hace ahora con majestad el eco entero del hombre.

VICENTE ALEIXANDRE (1898-1984)

UNA pestilencia epidérmica de enjabonada sincronía alimenta la cultura de los zombis.

ଏଓ

LA violenta renovación desinfectante de los lupanares sensiblemente procaces inaugura el permanente corte de mangas de la mirada.

ଏଓ

ÉPOCA de la afrenta y de la apisonadora.

ଏଓ

ESTANDARTES, enseñas y banderas restallan la cólera del viento. Ruta invertida en la corriente de aguas rellenas de escombros.

NOS vemos en la terraza del vuelo vencedor de lo milagroso o en el nido de pulpos de la navegación submarina del asterisco.

ᕫ

EN LA naftalina o en el alcanfor o en la lavanda de los versos impresos combato con la polilla.

ᕫ

AGUANTANDO la bárbara guerrera, cetro y estrella de la demonolatría, disminuyo las dimensiones en el interior dedicando al hábito y a la bala de la división las distancias en el exterior.

ᕫ

EN PRO del corte de papel y del hielo de la hoguera.

LA frialdad del cielo en el instante de la matanza absorta.

&

PASIÓN del camión de la basura.

&

EL coleóptero fue asesinado por el sujetapapeles magnético.

&

MUGE la criatura vehemente en el convento de la vida, rota por una pasta mortal que se resucita.

UN estigma incomparable en el universo –impropio incluso en la experiencia ya infinita– define lo humano mientras se anarquiza lo paradójico.

❧

EN el aguamanil del esperma circulan con códigos, a millones, las hormigas del ejército de Ergane, con bacinete.

❧

LOS huesos de los extremos se regeneran.

❧

DE la austera soledad el tiempo infinito.

EN las excursiones alcohólicas del día a día, las personas en los bares son incapaces de afrontar la mirada fulgurante de un poeta oscuro.

∽

LA inofensiva alienación del delirio embrolla, idealmente, siglos de escritura sangrante recitadora.

∽

FALSIFICADAS presencias arrastran, en el aurífero barranco de la rutina avariciosa, la custodia de sus intereses familiares emasculados.

∽

EMOCIÓN mar asedia el agua en el ojo.

EL termómetro carnívoro hace que el mercurio de la antinomia fluctúe.

⁂

UN viento nororiental se ayunta salvaje y tiernamente con la palmera.

EL CONFINAMIENTO

*Es jugo el aire que se encierra
en las sanguíneas espectrales.*

José Lezama Lima (1910-1976)

MACILENTO mediodía: mediodía de lo central el pulgar de la manecilla.

&

EL submarino que deja en el paladar el metal del sabor del pequeño objeto argénteo.

&

LAS aguzadas puntas de los lápices de colores conservé en el momento en que, al rascarme, se derramó el ojo.

&

EN la oreja de la arcaica beldad africana, el ébano reanima el sonido en los pendientes.

EL rombo hospeda la silla de madera glorificando el color del islam.

∾

SUS dientes miró en las aguas de un arroyo extrayendo con muecas el así de un dios.

∾

DE los paquidermos el pensamiento añadí multiplicando la indigencia.

∾

EL barco realmente se hundió el pibe empero por ventura vivió.

CONCLUIR a la primera la tormenta que las cifras eligieron: lo hosco de la rata, de la cucaracha y del insecto.

༄

EL arabesco, puede que la matanza, la moneda, como quiera que sea; que las rosas mezclen tres veces el cielo en el pecho.

༄

QUE la palmera encare el cactus con la mirada para regresar sabiamente reseca.

༄

CERTEROS galopes completan el vuelo. Todo lo que se escucha concentra la mente de uno. El rostro seco ya flamea.

ESCARPADO: el sábado combate con el tiempo o participa armónicamente.

కు

SECRETAMENTE volviendo del revés la ropa que de la lluvia se está secando.

కు

PALABRA cancerígena y rebelde acaricia vulgarmente el estómago.

కు

MUJER: materia degolladero; en la dentadura, en el esófago y en las papilas gustativas.

EL calor hesperidio[9] de la naranja.

❧

TODO lo gracioso que se escuchó trajo a la muerte para que limpiase lo aparente.

❧

LA mentira se planeó en los textos de la noche; en cuestión de segundos midió lo opuesto del estómago.

❧

EL ensayo consiguió la matanza de la marioneta: la madera, la cuerda, la mano del titiritero y el incendio provocado del teatro.

9   El autor hace un juego de palabras entre «σπειροειδής» («cítrico») y «εσπεριδοειδή» («espiral»). De ahí, «hesperidio». (N. del T.)

NO vino lo que exterminé el patio lo vio.

en

NADIE se atrevía a escribir, nadie se atrevía a meter la mano en el meollo.

en

RESTO con pensamientos universales y hermafroditas; paréntesis y mirada fluida.

en

NOSFERATU: prefiero que no haya otros seres vivos cuando duermo en el espacio.

EL lagarto ha delatado el sueño del color.

☙

LA escritura acompaña el sonido de la guillotina mientras la cabeza lentamente desmiembra la letra.

☙

ENCONTRARME, entonces, con todo lo que permite una callejuela que se ofrece a que la pisoteen, si es que nadie mata con ella.

☙

AUGUSTO decretó la violación de Julia: la víctima, de edad avanzada, y el verdugo se saludaron.

ARGÉNTEAS las visiones.

&

SE ARQUEA el fruto en el último siseo del agua. La escritura tiembla al tocar un hongo.

&

CUANDO también el tacto decide la estrofa, que reacciona señalando la ola, el dedo se ocupa de la duración.

&

TODO lo que el sueño eligió gruñe a la vista de dos faros de niebla amarillos.

EL automóvil rojo reunió las chapas y dejó que la nevera seca ardiese.

෴

EL muerto buscaba algo metálico; el ruido, dijo, tiene que defender la escritura.

෴

MORDIENDO el aire sobre el orgasmo me desternillé de risa y me disparé.

෴

QUÉ sutura la escritura, dijo el mago, cogiendo, para bordar en la brecha, un oleandro.

AL SUR de la ciudad queda una llanura que viste la piedra de violetas, mientras por fuera del patio el naranjo rojo, yermo, florece de nuevo.

ↄ

ESTACIÓN del jardinero: cual alquimista rasco la espalda de los caminos alineando los colores, mientras se convoca a la lluvia para que juzgue.

ↄ

ESTACIÓN del cofre: como obstruyo erigiendo una ciudad en lo insomne, viendo que el lucero del alba o el amanecer se venga de lo increíble, intempestivo huelo en una piedra la cal el oráculo.

ESTACIÓN del volante: por una parte respirar en un minarete el color sacro por otra en un campanario para apuntar al deshonroso enemigo.

જ્જ

ESTACIÓN del grosero: cuando tallo mármol traslado a su materia a los artesanos para que canten lo inconcluso de la primavera.

જ્જ

ESTACIÓN del umbilical: solar, seco, cortado y listo estoy para nadar de nuevo en aguas profundas.

LA GARDENIA DE RENA

a la memoria de mi madre (1937-2021)

ENCARÁMATE a la carretera de asfalto para que el hálito armonice con el latido de su corazón.

∽

CHIQUITO pero matón, en el secreto de la escritura, cultivaba el espíritu en el cuerpo.

∽

RESISTENCIA y memoria con movimiento de explosiones visibles de relampagueante libertinaje.

∽

ANTES de suicidarse, la hermana pequeña de mi madre vino con una dragona como regalo.

LUMINOSA[10] la neblinosa la llamaban loca y saltó.

❧

GARDENIA: su planta favorita, me proclamé jardinero para cuidarla.

❧

EN LA más suave bossa nova la lengua borda continuamente el mismo nombre.

❧

UN sótano arranca el corazón del cocodrilo y comienza la exhumación de los huesos.

10   El nombre griego es Fotiní. Reúsis hace un juego de palabras y le añade una rima interna. He hecho lo mismo, utilizando «Luminosa», nombre de mujer. (N. del T.)

EL huevo que habita en la ípsilon; una sigma final penetra en una isla célica.

⁊

ORGULLOSA plata extrema.

⁊

DIÁFANA hendidura en el arrecife y en el escollo de una marina el hidrógeno elemento de la existencia.

⁊

VALKIRIA: venía, dice, de alguna parte y hablaba de algo: a continuación, me tomó juramento.

⁊

EL mensaje de una amable y regiamente antigua educación emocional.

LA cotidianeidad arrastra hacia fuera el milagro de la vida en el instante aquel en que la mirada entrenada en la antítesis toma la bondad en consideración.

❧

ICONOSTASIO de una madre hace que la primavera esplenda.

❧

CON LOS HIGOS se reconcilia el candil que está enfrente.

❧

MECHA abeja en el bronce de una llama.

ASCUILLA ahúma valva.

❧

INCENSARIO y lámpara libación en la cruz del olivo.

❧

LOS jacintos inmortalizaron una sacristía con gardenias y se lavaron eruditos en vinagre y vino.

CHIRRIDOS LIBERTADORES

A la hora del insomnio me visitan soldados muertos.

CARLOS EDMUNDO DE ORY (1923-2010)

LIBRE en la borda el barco pertrechado.

ন্ত

EL garfio engancha la turba de la alcahuetería repetida hasta la extenuación de los contrabandistas.

ন্ত

EN el hormigón armado, el submarino volante, trazado, muestra el viraje del cuerpo.

ন্ত

TENGO miedo del miedo mío.[11]

11   En español en el original. (N. del T.)

LA profundidad del cráter compasivo.

༄

LA utopía de un desmembramiento distópico y la distopía de una unión utópica.

༄

CONFINADAS mañanas detienen la ola en los ojos según encarnan la angina de pecho de una cordillera, entre edificios tectónicamente calibrados.

༄

DEDICÁNDOME al abismo de la soledad.

CONOCIMIENTO incomunicado e incomparable de los latidos del corazón.

❧

AL completo se nubla el alma.

❧

FARO del cabo, la arteria de los ejes del alma.

❧

LAZO o lazada, la libidinosa de la inversión.

❧

INCONSOLABLE, enganchado e invulnerable.

UNO más ancho que un ocho.

∾

TANTOS lacayos en el mundo todos los rufianes que combaten contra sus hermanos.

∾

EL esfuerzo del muerto en el sueño de la arena y el trampolín desgarbado en el bucarán de la palestra.

∾

NOCHES alcohólicas y amarguras matutinas.

∾

UN espejo mató el puntillismo del mercurio.

LA memoria palpa la compasiva furia del anacoreta hecho añicos.

∽

PRECIPITACIÓN de temblorosas imágenes muertas desde un mal de ojo perseverante en el ritmo usurero de la hosquedad.

∽

HUMEDAD del cuerpo y tiernos movimientos de la piel, que boca arriba se lanzan sobre los sucios azulejos fríos.

∽

RETIRÁNDOSE, la retina halla en su apogeo el advenimiento del inexpugnable asesinato.

LA destrucción de la pasión por las hetairas inválidas de alma.

ᘓ

LAS quillas en los oídos de Franz Kafka, la guerrera abotonada hasta la garganta, la bufanda que castiga con el viento la ruta hacia el sur y el aterrizaje en la isla de la «Colonia penitenciaria» que hace que la interminable mala sangre del doloroso tatuaje del juramento de Helicón funcione.

ᘓ

LOS ancestros están de guardia desde el paraíso y Mevlana Yalāl ad-Dīn Rūmī se vende como cucarda, en el último batallón de los derviches giróvagos y del cementerio de los musulmanes.

QUE (nadie) mate o que a aquella coyuntura se le dé muerte.

∾

ODA integral a un miserable: «En el venero que el esperma se perturbe».

∾

EL mascarón de proa inocula el fraude del populacho.

∾

BASTARDOS determinan, desde antaño, a cuántos talentos de cobre la orgía con la ínsula hetaira.

AQUEL celeste que coloreaba mi infancia y una estrella verde que con fe oculté en el litoral.

こ

A LA fertilidad del estreptococo le dan igual los gruñidos amenazantes de los salvajes.

こ

EL sudario tiene bolsillos, así como también instrumentos de navegación personales.

こ

REFUGIADOS confinados juramentados el zafarrancho de limpieza de los escasos cuadrados que decidieron habitar.

ANCESTROS los agricultores.

∾

LA ira de Gea devuelve a la formación de espuma de la sangre una arteria cortada.

∾

CON cloruro de sodio, estricnina, ácido clorhídrico, tinta y tabacos en las papilas gustativas la lengua viene desde los pastizales de Cronos.

∾

LA oscilación armoniza las manecillas del alma en la danza que el sonido de las esferas celestes genera.

EL absoluto silencio de la detonación no conforma una jauría, un rebaño o una bandada.

◈

LA unción, por el roce de la tristeza del niño, bordó las letras de las constelaciones del interrogante de sus párpados morenos.

◈

BARBUDO el lucero del alba –fructífero y nistayolero– descendía, con un cítrico en su brazo izquierdo, hecho añicos desde el hombro, el sabor ácido del azahar.

◈

NOS HALLAMOS en el arado-ejido de la octava estación –narcisos, fundamentalistas y monjes.

LA sublimación del punto de sutura sale al encuentro del salto del espíritu.

∾

EL vuelo de la zambullida con el planeta Sol como definición.

∾

EL hematoma en la pantorrilla del muslo condena al ostracismo a la primitiva generación regia de los seres humanos terrenales, que observaron el mandamiento y no sucumbieron a la tentación de la mezcla con otros seres vivos.

∾

LAS antigua escrituras muestran al sabelotodo y la piedra angular en el núcleo de la palabra «verso», donde la persuasión de lo arcaico colinda con la ficción jurídica de un vocablo reclutado.

UNA masacre devana la isla violando el terruño.

ფ

SEGUNDA masacre junta en manada la isla al norte inundando el enema de la comprensión anal.

ფ

SÍMBOLOS, contratos y otros simbolismos gestionan el prolongado embrutecimiento de los zoofílicos.

ფ

EL lucro confortante infla la postrera traición del buhonero esclavizador.

ფ

NADA ha comenzado y nada se ha completado.

DÍA y noche, noche y día, las cigarras, los grillos y las hormigas movilizan la alineación en blanco con negros brazaletes en la frente del juramento sanguinario.

&

EL poeta secreto, por naturaleza incomunicable, reconoce la debilidad del lector de comprender al menos lo mínimo o lo nimio de todos los que han ido a la cabeza o encontrado un obstáculo.

&

EL sol ha acuchillado el firmamento.

&

LAS improvisadas, deshonestas reservas se han reducido a las guaridas de la protección política.

CUALQUIER cosa mina los mecanismos de la confusión con un barco que surca almas con su quilla.

∾

EL bronce da ánimos a la lámpara de pie.

∾

AGOSTO, en un futuro incesante, amenaza a los escasos damnificados por incendios, solitarios, sobrantes, con pena de ostracismo en terrenos labrados por orugas y colonizados por muertos.

∾

LA ridiculez del eucalipto, cuando se inclina retraído ante la fosa séptica que los engendros de la historia violaron, contrata o concibe comisiones de coordinación de horrendos crímenes de guerra.

EL poeta marcha sin lastre e indigno mientras está dominado por la dilación de pensamientos mortificados, mancillando su vida precedente y actual en las letras y en las palabras.

೧

UN pope me alimentó haciéndome comulgar con el flagelo.

೧

EL algoritmo acompaña la soledad del licántropo.

೧

EL poeta no es un saqueador de tumbas; un sabueso es, barrunta las letras como un soltero. Rastreando repta inquieto por las líneas enemigas de la refutación.

CEGADOR el resplandor de la lápida cuando agrieta el regreso del muerto que puede danzar la convulsión de los cadáveres.

∽

LAS velas molestan a los árboles torneados.

∽

LA revisión del juicio del olivar petrificado, de la textura del telar y del honesto cangrejo obtuvo un veredicto irrevocable, irrefutable contra el falso testimonio insolente, desde el principio, de la coartada.

∽

EL vendedor ambulante, si no es un agente que reporta una palabra enojosa, es decir, malas noticias, permanece en el ágata de un monigote que piensa en la siguiente víctima de su capital.

LA barba, el tirabuzón y la uña, enardeciendo la calígine de una creación inhabitable, muestran el juramento arquetípico del exterminio de una población subyugada el deseo.

୭ର

ME pago mucho dinero para permanecer a la sombra de mi historia: en nombre de Dios y la patria, tengo un final infinito y una luz intemporal procedente de los siglos registrados.

୭ର

AGUARDO a que la sardónica irrisión del parabrisas responda a la atención deficitaria, con el ejercicio voluntario o sospechoso de la amnesia, mientras un deshonroso asesino ejecuta una orden que quizá se pagase por adelantado.

୭ର

APLICAR la magia de las letras para eludir la sequía.

EL agua no tiene enemigos, aunque deba murmurar con un asesinato.

∽

CONTADOS con goniómetro los días de la cinta del musulmán que desde el minarete importuna los oídos y la libertad.

∽

NO hay poesía nueva o novedosa, sino solamente poesía viva.

∽

LA alharaca del alzamiento de las manos del padre determinó el comienzo de la lucha cíclica del poeta.

DIAGONAL es el caminante: tendones y yemas de los dedos –tendones y yemas de los dedos y los codos de los brazos palancas que se cruzan.

⁊

LOS objetos tienen sus propios mapas.

⁊

RECORRE la sombra y entretente bajo el sol.

⁊

LA muerte es una escala: te sientas, pides, te bebes tu café y avanzas cual corriente continua y alterna.

HE roto los huesos los he colocado cual tablones en la espalda.

✌

LOS serafines de los incorpóreos acechan la sentencia del juez.

✌

EL monje, como el jaspe, defiende con una roca ígnea, producto de la rápida congelación de la lava, la forma del huevo.

✌

LA isla se volvió turca y el ave sin nombre graznó: «Una sinfonía para seis lepidópteros helicoidales».

LOS lomos de los libros en los escaparates se minimizan.

∽

EL cordón de las interminables lectura y recitación de versos, estrofas y fragmentos aprieta.

∽

NINGUNA permanencia se desea, simplemente encara el desgaste de los himnos epitalámicos.

∽

SUJETO y sucio, el enigma pasa la noche retrasando su itinerario sisifeo[12], recurrente.

12   Para justificar el uso de este adjetivo en mi traducción, *vid.* Estrabón, *Geografía, Libros VIII-X*, traducción y notas de Juan José Torres Esbarranch, Madrid, Editorial Gredos, 2001, p. 169: «Al pie de la fuente Pirene se encuentra el Sisifeo» y la nota a pie de página 598: «Construcción cuyo nombre deriva del mítico rey Sísifo […]»

DÍAS de tranquilidad domaron los andares mientras la camomila, el anís y las papas cocidas aliviaban al azogado.

∽

CONTROVERTIDA, desequilibrada, inestable –en el eterno viraje– escritura.

∽

RECORRIENDO políticas y otras ideologías o quebraderos y acciones y palabras y gansadas, en el perol del helenismo que se mofa de y enfurece las caracterizaciones.

∽

CEMENTERIO de desaprensivos, legiones de peces, rabias navegan.

LA mirada pétrea corazón de suicidio.

છ્જ

INVISIBLES cataratas empapan el cuerpo pudriendo la existencia.

છ્જ

JINETES muertos galopan por el lomo de un camino de carros que conduce a la cordillera.

છ્જ

FÉRETRO el papel en blanco trabajando letras el crematorio calcina palabras.

EN EL funeral de la inspiración un cuervo sirve el café de la estafa de un interminable equívoco.

೧

TENÍAN SED de mar los marineros escuálidos y visiones desembarcadas se descargan en los angostos escombros de una ciudad hecha turca.

೧

CRÁNEO: el intelecto cinético empala en el terruño la conmoción que la visión del vellocino de oro causa en el argonauta de las estrellas.

೧

LA plata fragmentaria moviliza hieráticamente el secreto.

ES la amnesia de la memoria de las gentes con las que el poeta alterna.

∾

SOLEDAD de un desierto marino es la ciudad.

∾

VAMPIRICÉ rimando la impecable ira.

∾

COMO la prostituta, el poeta hace la calle por los bares esperando que el cliente de la noche descargue lo realmente de moda y que adquiera el candil del efectivo de un Caronte.

MOVILIZACIÓN: instantánea como el cristal como las flores del cerezo.

&

MORTÍFERA primavera de una libertad masacrada que pulveriza la arteria.

&

DESEMBARCO de selectas basílicas y de incorpóreos cuerpos expedicionarios para limpiar la isla de bazofia.

&

ASÍ el poeta, como el rastreador –como el primer hombre solo–, las armas honra, la bandera y la patria de su lengua.

UNA palabra arquetípica, pelásgica osa cantar el trauma, la herida y el dolor de la alegría, de la pena y de la amargura del ser humano y de los elementos de la naturaleza que lo delimitan.

❧

EL grado superlativo del pacto carnívoro humano.

❧

LA silla del gramático o el suicidio del escribano en un salón popular decorado con el ramo de flores muertas y con una jarra rota.

❧

EL salvaje coqueteo de una pareja de faisanes con la frontera de dos sillas de comedor oblongas de una mansión decadente.

EL sueño de la jirafa o el toque de diana matutino.

೧

LA rotura de la infancia o la mutilación de la memoria.

೧

EL representante de una mesilla de noche o el empresario teatral de la baraja marcada.

೧

MUEBLES pasados de moda hacen florecer la reconstrucción de las maderas rotas de una permanente mudanza de refugiados.

DOS pavos reales rasgan la geometría del círculo iluminando la cara oculta de un –fuera de lugar– luto.

ε

UN cantautor invisible afina el silencio.

ε

LOS pies amputados de un buzo se fugan de la jaula del cuco.

ε

ORGANISMOS vegetales acuáticos florecen en el bidón de una materia prima extraviada.

UNA caprichosa lámpara de pie dispara la mordaci-
dad de lo cerámico en la oficina de un juez instructor
incorruptible.

∾

EL día de la tentativa tiene crianza.

∾

LA madera mojada zoca la alineación del pelícano.

∾

LA fuerza de asalto que soy las tabas son.

∾

POR LO QUE la amable lluvia notifica la embestida
del libertador.

LA isla es un faro en el océano del cielo.

∽

UNA tarde-suceso me parpadeé con un gato estilita.

∽

EL místico navega en las tinieblas, el sigiloso en el claror.

∽

EL presente muerto de la pausa disertante.

∽

DAME la botella, no el cáliz.[13]

13 En español en el original. (N. del T.)

EL INCIENSO mancha, el pensamiento mata.

&

EL gramágotico brinca.

&

EN los barrios pobres del golpe de estado y desde la Vía Sagrada de Atenas hasta Azalasa.[14]

&

NO tengo miedo de estar.[15]

14   Lugar cerca de Nicosia, Chipre, de donde Reúsis es oriundo. El autor me comentó que en esos dos lugares hay dos conocidos hospitales psiquiátricos. (N. del T.)
15   En español en el original. (N. del T.)

ÍNDICE

Este número 55
de Aforismos de Siltolá
se terminó de imprimir
en el mes de febrero de 2025